뉴시티 교리문답 키즈
영한 대조

죠이선교회는 예수님을 첫째로(Jesus First)
이웃을 둘째로(Others Second)
나 자신을 마지막으로(You Third) 둘 때
참 기쁨(JOY)이 있다는 죠이 정신(JOY Spirit)을 토대로
하나님 나라의 확장을 위해 지역 교회와 협력, 보완하는
선교 단체로서 지상 명령을 성취한다는 사명으로 일합니다.

죠이선교회출판부는 그리스도를 대신한 사신으로
문서를 통한 지상 명령 성취와 하나님 나라 확장을 위해 노력합니다.

*The New City Catechism for Kids Kor-Eng Bilingual edition*
Copyright © 2018 by The Gospel Coalition and Redeemer Presbyterian Church
Published by Crossway
a publishing ministry of Good News Publishers
Wheaton, Illinois 60187, U.S.A.

This Korean-English Bilingual edition © 2019 by JOY Books, Seoul, Republic of Korea.
This edition published by arrangement with Crossway
through rMaeng2, Seoul, Republic of Korea.
All rights reserved.

이 한국어판의 저작권은 알맹2 에이전시를 통하여 Crossway와 독점 계약한 죠이북스에 있습니다.
신 저작권법에 의하여 한국 내에서 보호받는 저작물이므로 무단 전재와 무단 복제를 금합니다.

죠이북스는 죠이선교회의 임프린트입니다.

# 뉴시티 교리문답 키즈

영한 대조

The New City Catechism for Kids

우리의 신앙을
굳건히 세워 줄
52개 문답

52 Questions & Answers
for Our Hearts & Minds

1부

# 성부 하나님
# 창조와 타락
# 율법

Part 1

# God
# Creation & Fall
# Law

### 문1

## 사나 죽으나
## 우리의 유일한 희망은 무엇입니까?

What is our only hope
in life and death?

### 답

우리는 우리 자신에게 속한 것이 아니며,
하나님께 속한 것이라는 사실입니다.

That we are not our own but belong to God.

문2

## 하나님은
## 어떤 분입니까?
What is God?

### 답

하나님은 모든 사람과
모든 것을 지으신 분입니다.

God is the creator of everyone and everything.

문3

## 하나님께는 얼마나 많은 위격이 있습니까?
How many persons are there in God?

### 답

한 하나님께는
성부, 성자, 성령, 세 위격이 있습니다.

There are three persons in one God:
the Father, the Son, and the Holy Spirit.

문4

## 하나님은 우리를
## 어떻게, 왜 창조하셨습니까?
How and why did God create us?

답

하나님은 자신의 형상을 따라
남자와 여자로 우리를 창조하셨습니다.
그것은 그분을 영화롭게 하기 위해서였습니다.

God created us male and female
in his own image to glorify him.

문5

## 하나님은 또 무엇을 창조하셨습니까?
What else did God create?

답

하나님은 만물을 창조하셨습니다.
그분이 창조하신 세계는 매우 좋았습니다.

God created all things,
and all his creation was very good.

## 문6

## 우리는 어떻게
## 하나님을 영화롭게 할 수 있습니까?
How can we glorify God?

### 답

하나님을 사랑하고
하나님의 명령과 율법에 순종하는 것으로
그분을 영화롭게 합니다.

By loving him and by obeying his commands and law.

문7

## 하나님의 율법은
## 무엇을 명하고 있습니까?

What does the law of God require?

답

우리는 우리 마음과 목숨과 뜻과 힘을 다하여
하나님을 사랑하고,
이웃을 나 자신같이 사랑해야 합니다.

That we love God with all our heart, soul, mind, and strength;
and love our neighbor as ourselves.

## 문8

## 하나님의 율법은
## 십계명에 어떻게 나타나 있습니까?

What is the law of God stated
in the Ten Commandments?

### 답

너는 나 외에는 다른 신들을 네게 두지 말라.
너를 위하여 새긴 우상을 만들지 말라.
너는 네 하나님 여호와의 이름을 망령되게 부르지 말라.
안식일을 기억하여 거룩하게 지키라. 네 부모를 공경하라. 살인하지 말라.
간음하지 말라. 도둑질하지 말라. 거짓 증거 하지 말라. 탐내지 말라.

You shall have no other gods before me.
You shall not make for yourself an idol.
You shall not misuse the name of the Lord your God.
Remember the Sabbath day by keeping it holy.
Honor your father and your mother. You shall not murder.
You shall not commit adultery. You shall not steal.
You shall not give false testimony. You shall not covet.

문9

# 하나님은 첫째 계명, 둘째 계명, 셋째 계명에서 무엇을 명하십니까?
## What does God require in the first, second, and third commandments?

### 답

하나님은 첫째 계명에서
우리에게 하나님이 참되신 유일한 하나님임을 알라고 명하셨습니다.
둘째 계명에서는
모든 우상 숭배를 피하라고 명하셨습니다.
셋째 계명에서는
하나님의 이름을 경외하고 높이라고 명하셨습니다.

First, that we know God as the only true God.
Second, that we avoid all idolatry.
Third, that we treat God's name with fear and reverence.

문10

## 하나님은 넷째 계명과 다섯째 계명에서 무엇을 명하십니까?

What does God require in the fourth and fifth commandments?

### 답

하나님은 넷째 계명에서
안식일에 예배를 드리라고 명하셨습니다.
다섯째 계명에서는
부모님을 사랑하고 공경하라고 명하셨습니다.

Fourth, that on the Sabbath day we spend time in worship of God.
Fifth, that we love and honor our father and our mother.

문 11

## 하나님은 여섯째 계명, 일곱째 계명, 여덟째 계명에서 무엇을 명하십니까?

What does God require in the sixth, seventh, and eighth commandments?

답

하나님은 여섯째 계명에서
이웃을 해하거나 미워하지 말라고 명하셨습니다.
일곱째 계명에서는
정결하고 신실하게 살라고 명하셨습니다.
여덟째 계명에서는
다른 사람의 소유물을 허락 없이 가져가지 말라고 명하셨습니다.

Sixth, that we do not hurt or hate our neighbor.
Seventh, that we live purely and faithfully.
Eighth, that we do not take without permission that which belongs to someone else.

문 12

## 하나님은 아홉째 계명과 열째 계명에서 무엇을 명하십니까?

What does God require in the ninth and tenth commandments?

### 답

하나님은 아홉째 계명에서
거짓말하거나 속이지 말라고 명하셨습니다.
열째 계명에서는
다른 사람을 시기하지 말고 만족하라고 명하셨습니다.

Ninth, that we do not lie or deceive.
Tenth, that we are content, not envying anyone.

문13

## 하나님의 율법을 완전하게 지킬 수 있습니까?
Can anyone keep the law of God perfectly?

답

타락 이후,
인간은 하나님의 율법을 완전하게 지킬 수 없습니다.

Since the fall, no human has been able to keep the law of God perfectly.

문14

## 하나님은 우리를 만드실 때 자신의 율법을 지킬 수 없도록 만드신 것입니까?

Did God create us unable to keep his law?

답

그렇지 않습니다.
그러나 아담과 하와의 불순종 때문에
우리는 모두 죄와 죄책 가운데 태어났고
하나님의 율법을 지킬 수 없습니다.

No, but because of the disobedience of Adam and Eve,
we are all born in sin and guilt, and unable to keep God's law.

문15

## 어느 누구도 율법을 지킬 수 없다면, 율법의 목적은 무엇입니까?

Since no one can keep the law,
what is its purpose?

### 답

율법의 목적은
하나님의 거룩한 본성을 알고
우리 마음의 죄악 된 본성을 깨달아
우리에게 구주가 필요하다는 것을
확신케 하는 것입니다.

That we may know the holy nature of God,
and the sinful nature of our hearts;
and thus our need of a Savior.

문16

## 죄는 무엇입니까?
What is sin?

답

죄는 하나님이 창조하신 세상에 살면서
하나님을 거부하거나 무시하는 것입니다.
하나님이 율법에서 요구하시는 대로
살지도, 행하지도 않는 것입니다.

Sin is rejecting or ignoring God in the world he created,
not being or doing what he requires in his law.

문17

## 우상 숭배는 무엇입니까?
What is idolatry?

### 답

우상 숭배는
창조주가 아닌 피조물에 맡기는 것입니다.

Idolatry is trusting in created things
rather than the Creator.

문18

## 하나님은 우리의 불순종과 우상 숭배를 벌하지 않으십니까?
Will God allow our disobedience
and idolatry to go unpunished?

답

아닙니다.
하나님은 우리의 죄에 의로운 분노를 보이셔서
이 땅의 삶과 다가올 삶 모두에서
그 죄들을 벌하실 것입니다.

No, God is righteously angry with our sins
and will punish them both in this life,
and in the life to come.

문19

## 형벌을 면하고 다시 하나님의 은혜를 누릴 방법이 있습니까?

Is there any way to escape punishment and be brought back into God's favor?

답

있습니다.
우리는 구속자에 의해 하나님과 화해하게 됩니다.

Yes, God reconciles us to himself by a Redeemer.

문20

## 구속자는 누구입니까?
Who is the Redeemer?

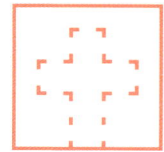

답

유일한 구속자는
주 예수 그리스도이십니다.

The only Redeemer is the Lord Jesus Christ.

2부

# 성자 하나님
# 구속
# 은혜

Part 2

# Christ
# Redemption
# Grace

문21

## 우리가 하나님께 다시 인도되려면 어떠한 구속자가 필요합니까?

What sort of Redeemer is needed to bring us back to God?

답

참 인간이자
참 하나님인 구속자가 필요합니다.

One who is truly human and also truly God.

문22

## 구속자는
## 왜 참 인간이셔야 합니까?
Why must the Redeemer be
truly human?

답

인성 안에서 우리를 대신해
모든 율법을 완전하게 순종하시고,
인간의 죄에 대한 형벌을 감당하셔야 했기 때문입니다.

That in human nature he might on our behalf
perfectly obey the whole law
and suffer the punishment for human sin.

문23

## 구속자는
## 왜 참 하나님이셔야 합니까?
Why must the Redeemer be
truly God?

답

그분의 신성 때문에
그분의 순종과 고통이 완전하고
유효하기 때문입니다.

That because of his divine nature
his obedience and suffering would be perfect
and effective.

문24

## 구속자이신 그리스도께서
## 왜 죽으셔야 했습니까?

Why was it necessary
for Christ, the Redeemer, to die?

답

그리스도께서는 기꺼이 우리 대신 죽으시고
우리를 죄의 힘과 형벌에서 구하셔서
하나님께로 이끄셨습니다.

Christ died willingly in our place to deliver us
from the power and penalty of sin
and bring us back to God.

문25

## 그리스도의 죽음은 우리의 모든 죄를 용서받을 수 있다는 뜻입니까?

Does Christ's death mean
all our sins can be forgiven?

**답**

그렇습니다.
그리스도의 십자가 죽음이
우리 죄에 대한 대가를 완전히 치렀기 때문입니다.
하나님은 더 이상 우리 죄를 기억하지 않으십니다.

Yes, because Christ's death on the cross
fully paid the penalty for our sin,
God will remember our sins no more.

## 문26

## 그리스도의 죽음은
## 또 무엇을 구속합니까?

### What else does
### Christ's death redeem?

### 답

타락한 창조 세계의 모든 영역을
구속합니다.

Every part of fallen creation.

문27

## 모든 사람이 아담으로 타락한 것처럼 모든 사람이 그리스도를 통해 구원을 받습니까?

Are all people, just as they were lost through Adam, saved through Christ?

답

그렇지 않습니다.
오직 하나님이 선택하셔서
믿음으로 그리스도와 연합한 자들만
구원을 받습니다.

No, only those who are elected by God
and united to Christ by faith.

## 문28

### 믿음으로 그리스도와 연합하지 않은 자들은 죽은 후에 어떻게 됩니까?

What happens after death
to those not united to Christ by faith?

### 답

그들은 하나님의 임재에서 쫓겨나
지옥으로 떨어지고,
공정한 형벌을 영원히 받을 것입니다.

They will be cast out from the presence of God,
into hell, to be justly punished, forever.

문29

# 어떻게 해야 구원을 받을 수 있습니까?

How can we be saved?

답

오직 예수 그리스도와,
십자가에서 죽임 당하신 그리스도의 대속을 믿어야
구원을 받을 수 있습니다.

Only by faith in Jesus Christ
and in his substitutionary atoning death on the cross.

문 30

## 예수 그리스도를 믿는
## 믿음이란 무엇입니까?
What is faith in Jesus Christ?

답

복음이 말하는 대로
예수님만이 구원을 주시는 분임을 받아들이고
의지하는 것입니다.

Receiving and resting on him alone for salvation
as he is offered to us in the gospel.

문31

## 참된 믿음으로
## 우리는 무엇을 믿습니까?
What do we believe by true faith?

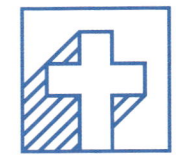

답

전능하사 천지를 만드신 하나님 아버지를 내가 믿사오며, 그 외아들 우리 주 예수 그리스도를 믿사오니, 이는 성령으로 잉태하사 동정녀 마리아에게 나시고, 본디오 빌라도에게 고난을 받으사 십자가에 못 박혀 죽으시고, 장사한 지 사흘 만에 죽은 자 가운데서 다시 살아나시며, 하늘에 오르사 전능하신 하나님 우편에 앉아 계시다가 저리로서 산 자와 죽은 자를 심판하러 오시리라. 성령을 믿사오며, 거룩한 공회와, 성도가 서로 교통하는 것과, 죄를 사하여 주시는 것과, 몸이 다시 사는 것과, 영원히 사는 것을 믿사옵나이다.

We believe in God the Father Almighty, Maker of heaven and earth; and in Jesus Christ his only Son our Lord, who was conceived by the Holy Spirit, born of the virgin Mary, suffered under Pontius Pilate, was crucified, died, and was buried. He descended into hell. The third day he rose again from the dead. He ascended into heaven, and is seated at the right hand of God the Father Almighty; from there he will come to judge the living and the dead. We believe in the Holy Spirit, the holy catholic church, the communion of saints, the forgiveness of sins, the resurrection of the body, and the life everlasting.

문32

## 칭의와 성화는 무엇입니까?
## What do justification
## and sanctification mean?

답

칭의는
우리가 하나님 앞에서 의롭다 칭해졌다는 뜻입니다.
성화는
우리가 점차 의롭게 된다는 뜻입니다.

Justification means
our declared righteousness before God.
Sanctification means
our gradual, growing righteousness.

문33

## 그리스도를 믿는 자들이 자신의 공로나 그밖에 다른 것으로 구원을 받을 수 있습니까?

Should those who have faith in Christ
seek their salvation through their own works,
or anywhere else?

답

아닙니다.
구원에 필요한 모든 것은
그리스도 안에 있기 때문입니다.

No, everything necessary to salvation
is found in Christ.

문34

## 오직 그리스도를 통해 은혜로만 구속받았는데도 여전히 하나님의 말씀에 순종하며 선을 행해야 합니까?

Since we are redeemed by grace alone,
through Christ alone,
must we still do good works and obey God's Word?

답

그렇습니다.
그렇게 해서 우리의 삶으로
하나님께 감사와 사랑을 보이고,
우리의 경건한 행실로 다른 이들을
그리스도께 인도하기 위해서입니다.

Yes, so that our lives may show love and gratitude to God;
and so that by our godly behavior others may be won to Christ.

문35

## 우리가 오직 믿음으로 말미암아 은혜로만 구속받았다면, 이 믿음은 어디에서 온 것입니까?

Since we are redeemed by grace alone, through faith alone, where does this faith come from?

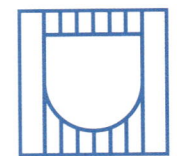

답

성령에게서 온 것입니다.

From the Holy Spirit.

3부

# 성령 하나님
# 회복
# 성화

Part 3

# Spirit
# Restoration
# Growing in Grace

문36

## 성령에 관해
## 우리는 무엇을 믿습니까?

What do we believe
about the Holy Spirit?

답

우리는 성령이 하나님이라는 것,
성부와 성자와 영원히 공존하신다는 것을 믿습니다.

That he is God,
coeternal with the Father and the Son.

문37

## 성령은 우리를
## 어떻게 도우십니까?

How does the Holy Spirit help us?

답

성령은 우리 죄를 깨닫게 하시며,
우리가 기도하고
하나님의 말씀을 이해하도록 도우십니다.

The Holy Spirit convicts us of our sin,
and he enables us to pray
and to understand God's Word.

문38

## 기도는 무엇입니까?
What is prayer?

답

기도는
우리 마음을 하나님께 쏟아 내는 것입니다.

Prayer is pouring out our hearts to God.

문39

## 우리는 어떤 자세로 기도해야 합니까?
## With what attitude should we pray?

답

사랑과 인내와 감사로 기도해야 합니다.

With love, perseverance, and gratefulness.

문40

## 우리는 무엇을 기도해야 합니까?
What should we pray?

### 답

하나님의 모든 말씀이
우리가 무엇을 기도해야 할지
가르치고 영감을 줍니다.

The whole Word of God directs us
in what we should pray.

### 문41

# 주기도문은 무엇입니까?
## What is the Lord's Prayer?

### 답

하늘에 계신 우리 아버지여
이름이 거룩히 여김을 받으시오며 나라가 임하시오며
뜻이 하늘에서 이루어진 것같이 땅에서도 이루어지이다.
오늘 우리에게 일용할 양식을 주시옵고
우리가 우리에게 죄 지은 자를 사하여 준 것같이
우리 죄를 사하여 주시옵고 우리를 시험에 들게 하지 마시옵고
다만 악에서 구하시옵소서.

Our Father in heaven,
hallowed be your name, your kingdom come,
your will be done, on earth as it is in heaven.
Give us today our daily bread.
And forgive us our debts, as we also have forgiven our debtors.
And lead us not into temptation, but deliver us from evil.

문42

## 하나님의 말씀을
## 어떻게 읽고 들어야 합니까?

How is the Word of God
to be read and heard?

답

열심을 다해 준비된 마음으로
기도하며 읽고 들어야 합니다.
그리하여 믿음으로 말씀을 받아들이고,
우리 삶으로 말씀을 실천해야 합니다.

With diligence, preparation, and prayer;
so that we may accept it with faith
and practice it in our lives.

문43

## 성례 또는 규례는 무엇입니까?
## What are the sacraments or ordinances?

답

세례와 성찬을 말합니다.

Baptism and the Lord's Supper.

문44

# 세례는 무엇입니까?
What is baptism?

**답**

세례란
아버지와 아들과 성령의 이름으로
물로 씻어 내는 것입니다.

Baptism is the washing with water
in the name of the Father, the Son, and the Holy Spirit.

문45

## 물 세례가 죄를 씻어 줍니까?
Is baptism with water
the washing away of sin itself?

답

그렇지 않습니다.
오직 그리스도의 피만이 우리를 죄에서 씻어 줍니다.

No, only the blood of Christ can cleanse us from sin.

문46

# 성찬은 무엇입니까?
What is the Lord's Supper?

### 답

그리스도께서는
모든 그리스도인에게 자신을
감사함으로 기억하며
떡을 떼고 잔을 나누라고 하셨습니다.

Christ commanded all Christians
to eat bread and to drink from the cup
in thankful remembrance of him.

문47

## 성찬은 그리스도의 구속 사역에 무언가를 더하는 것입니까?
### Does the Lord's Supper add anything to Christ's atoning work?

**답**

그렇지 않습니다.
그리스도는 단번에 죽으셨습니다.

No, Christ died once for all.

문48

# 교회는 무엇입니까?
## What is the church?

답

교회는 영생을 얻도록 택함 받고
믿음으로 하나 된 자들로,
함께 하나님을 사랑하고, 따르며, 배우고, 예배합니다.

A community elected for eternal life
and united by faith, who love, follow, learn from,
and worship God together.

문49

## 그리스도는 지금 어디에 계십니까?
### Where is Christ now?

답

그리스도는
죽으신 지 사흘 만에 무덤에서 온전히 부활하셔서
아버지 오른편에 앉아 계십니다.

Christ rose bodily from the grave
on the third day after his death
and is seated at the right hand of the Father.

문50

## 그리스도의 부활은
## 우리에게 무슨 의미가 있습니까?

What does Christ's resurrection
mean for us?

답

그리스도는 죄와 사망을 이기셨습니다.
그래서 그분을 믿는 사람은 누구나
이 세상에서 새로운 생명을 얻고
앞으로 올 세상에서 영생을 얻습니다.

Christ triumphed over sin and death
so that all who trust in him are raised to new life in this world
and to everlasting life in the world to come.

문51

## 그리스도의 승천은
## 우리에게 어떤 유익이 있습니까?

Of what advantage to us

is Christ's ascension?

답

그리스도는
이제 아버지가 계신 곳에서 우리를 대변하시고,
자신의 영을 우리에게 보내십니다.

Christ is now advocating for us in the presence of his Father
and also sends us his Spirit.

문52

## 영생은 우리에게
## 어떤 희망을 줍니까?

What hope does everlasting life
hold for us?

### 답

영생은 새 하늘과 새 땅에서 하나님과 영원히 함께 살며
그분을 즐거워하게 되리라는 사실을 일깨워 줍니다.
우리는 모든 죄에서 영원히 해방되어
새롭게 회복된 창조 세계에서 살게 될 것입니다.

That we will live with and enjoy God forever
in the new heaven and the new earth,
where we will be forever freed from all sin
in a renewed, restored creation.

# 뉴시티 교리문답 키즈 영한 대조

| | |
|---|---|
| 초판발행 | 2019년 2월 15일 |
| 지 은 이 | 복음 연합 · 리디머 장로교회 |
| 옮 긴 이 | 죠이선교회 출판부 |
| 발 행 인 | 김수억 |
| 발 행 처 | 죠이선교회(등록 1980. 3. 8. 제5-75호) |
| 주 소 | 02576 서울시 동대문구 왕산로19바길 33 |
| 전 화 | (출판부) (02) 925-0451 |
| | (죠이선교회 본부, 학원사역부, 해외사역부) (02) 929-3652 |
| | (전문사역부) (02) 921-0691 |
| 팩 스 | (02) 923-3016 |
| 인 쇄 소 | 송현문화 |
| 판권소유 | ⓒ 죠이선교회 |
| I S B N | 978-89-421-0411-6  04230 |
| | 978-89-421-0388-1  04230(세트) |

책값은 뒤표지에 있습니다.
잘못된 도서는 교환하여 드립니다.
이 책의 내용을 허락 없이 옮겨 사용할 수 없습니다.

이 도서의 국립중앙도서관 출판예정도서목록(CIP)은 서지정보유통지원시스템 홈페이지(http://seoji.nl.go.kr)와 국가자료공동목록시스템(http://www.nl.go.kr/kolisnet)에서 이용하실 수 있습니다. (CIP제어번호 : CIP2019001456)